Sumário

1 – Trainee

2 – Seu futuro escritório: o mundo

3 – Trabalho em equipe

4 - Fases de um programa de trainee

5 – Destaque-se na multidão: conhecendo ferramentas que não fazem parte de sua grade curricular

6 – Networking

7 – O mundo corporativo

8 – Carreira em "Y"

9 – Comportamentos esperados nas dinâmicas de grupo

10 – Walk the talk

11 – Sucesso

A meus pais, por tudo que me ensinaram.

Agradecimentos

Esse livro fala sobre as dificuldades que um profissional determinado (ou um amador, aspirante à profissional) é capaz de enfrentar. Os desafios e as conquistas que se obtém com determinação, após perseverar com paixão, até se alcançar os objetivos de longo prazo.

Foi com essa determinação, perseverança e paixão que tive a coragem de encarar e ser aceito em alguns dos mais longos e concorridos programas de trainees nacionais e internacionais nas maiores empresas do mundo como ArcelorMittal e Vale.

Isso só foi possível, graças à muitas pessoas que contribuíram para que a determinação não findasse antes do objetivo ter sido alcançado. Com este livro não foi diferente.

Durante a criação desse livro, pude lembrar da descoberta da escrita com minhas primeiras palavras rabiscadas lá na infância, durante minha alfabetização. E desde essa época, me lembro da dedicação de minha mãe e sua preocupação em educar-me e orientar-me durante as tarefas escolares, buscando minha mais perfeita escrita e pronúncia, incentivando-me a utilizar de enciclopédias existentes em nossa biblioteca familiar e corrigindo meus primeiros textos juntamente com minha primeira professora que primava pela qualidade na alfabetização de seus alunos.

Aprendi também, desde cedo com meu pai, a importância da leitura ao vê-lo diariamente lendo os jornais da cidade e do estado e dizendo: Filho, quem lê é mais sábio.

Para que possamos ler precisamos dos que escrevem. E, para escrever, precisamos dos que leem. Por isso decidi, além de ler, escrever.

Agradeço a minha esposa Lidiane, por sua cativante generosidade e por apoiar-me em todos os meus projetos de vida, especialmente nesse, com suas sugestões, críticas, incentivo e companheirismo.

Agradeço a meus inenarráveis amigos de faculdade, a inesquecível turma "Curva de Rio", por questionar-me sobre essa ideia "maluca" de escrever um livro.

Agradeço a meus grandes amigos trainees da ArcelorMittal, a turma "Tiburones" pela parceria e amizade, desde as etapas finais do processo seletivo até sempre e pelos inesquecíveis encontros e trocas de experiências.

Agradeço a meus grandes amigos trainees de Projetos da Vale e de Pós-Graduação, pela amizade, experiências trocadas e pelos momentos em salas de aula, escritórios, viagens, hotéis e obras que passamos juntos, uma experiência de vida inesquecível.

Agradeço a minha família, em especial, meus pais, minhas irmãs e meus avós (in memoriam) pela família que temos.

Agradeço ao meu grande amigo Fabio Riggi, jornalista, escritor, poeta e editor, por todo o empenho na revisão e orientação, para que a publicação desse livro fosse concretizada.

1 – Trainee

A faculdade está acabando! E agora? O que fazer?

Durante a graduação, principalmente nos primeiros dois anos, a preocupação da maioria dos estudantes é com a adaptação inicial ao ambiente universitário e suas particularidades. Nesse período, inúmeras desistências acontecem motivadas pelo fato de as disciplinas serem básicas, de conteúdos diversos e divergirem da expectativa dos alunos. A partir do terceiro ano, seja o curso de quatro ou cinco, os estudantes participam mais de algumas atividades extracurriculares dentro e fora do ambiente universitário e tendem a traçar com mais certeza seus objetivos e preferências podendo decidir qual caminho seguir após o fim do curso. Seguir carreira acadêmica, partir para a indústria ou empreender?

No último ano, as opções afunilam, uma vez que a decisão não pode ser muito adiada. É preciso decidir e, entre as opções, podemos destacar as que mais geram dúvidas: fazer um estágio nos últimos períodos, pensando numa possível contratação efetiva ou inscrever-se em programas de trainees?

O caminho mais curto, certamente, seria aproveitar um estágio nos últimos períodos da graduação, visando à efetivação no quadro de funcionários da empresa após a colação de grau.

Naturalmente, a maioria dos estudantes universitários opta por estagiar em empresas situadas na cidade onde cursa a graduação. Muitas dessas cidades, dependendo o seu porte, desenvolvimento industrial e econômico, capacidade logística e localização geográfica, não são atraentes para grandes empresas e multinacionais de atuação global se instalarem. Além disso, a maioria das empresas de pequeno porte prefere não contratar o profissional, substituindo-o por outro estagiário após o final do seu período de estágio, simplesmente por não necessitar de vários profissionais graduados em seu quadro de funcionários, sendo que normalmente já possui um ou dois e também, obviamente, por uma questão financeira.

Para estudantes mais ambiciosos, que pensam em um plano de carreira e desenvolvimento profissional, vale refletir: seria interessante projetar meu futuro e apostar minhas fichas numa empresa de pequeno ou médio porte, de atuação e abrangência local ou regional? É nessa cidade ou empresa que eu pretendo residir e trabalhar por anos?

Para todos que consigam caminhar incansavelmente, que tenham resiliência para suportar as quedas e fortes emoções, por experiência, eu recomendo: vá participar de programas de trainees em grandes companhias globais. Inscreva-se em alguns deles e participe de todos aqueles para os quais forem convocados. Saia do seu quadrado!

Alguns leitores que têm uma certa ideia de como é um processo seletivo para trainee devem estar mentalmente me questionando, neste exato momento: "Você tem certeza de que vale a pena Everton?"

São inúmeras etapas, dezenas de milhares de candidatos, meses de espera e ansiedade; análise de currículos, provas online, viagens cansativas, dinâmicas de grupo inimagináveis, painéis, inúmeras entrevistas, entrevistas em Inglês, exames médicos...Ufa!

Será? Para responder, vamos inicialmente nos remeter a algumas metáforas.

A metáfora do navio.

Gosto muito desta frase: "Um navio atracado no porto está seguro, mas não foi para isso que ele foi construído."

Paradoxalmente, quando estamos "atracados", sentimo-nos seguros e confortáveis. Basta "desatracarmos" e começarmos a navegar para sentirmos o vento soprando contra, a maré e as tempestades assustadoras balançando nosso barco. A segurança acaba, é o fim da zona de conforto. Porém cruzar os mares, atravessar oceanos e avistar novas terras, somente navegando. A escolha, portanto, é pessoal. Deixar seu navio atracado ou navegar no mar de desafios?

A metáfora do maratonista

Como maratonista, posso afirmar literalmente que quanto mais longe você quer chegar, mais cansativos e dolorosos serão seus passos. Porém, mais prazeroso o sabor da chegada. Nem todos conseguem chegar, muitos desistem durante o caminho. Outros, até durante os treinos. Por quê?

Porque muitos não sabem controlar e suportar as dores. Isso exige dedicação, preparação, disciplina e treino; físico e mental.

A única certeza que tenho quando estou aquecendo para a largada de uma maratona são as dores que irei sentir. Dores são inevitáveis, principalmente depois do quilômetro 32, quando me autoquestiono: oque que eu estou fazendo aqui?

Porém, como disse o atleta Lance Armstrong, "A dor é passageira. Desistir é para sempre." Curiosamente, arm strong, traduzido do Inglês para o Português, significa braço forte.

Como ex-trainee, posso dizer que me tornei um maratonista, anos antes de ter corrido minha primeira maratona (a maratona do Rio de Janeiro, em 2012), onde li em um painel no local de retirada do kit para a prova a seguinte frase: "42 Km não é pra qualquer um."

Trainee não é para qualquer um. Essa frase eu nunca li nas salas onde participei das dinâmicas de grupos e entrevistas, durante os processos seletivos de programas de trainees. Mas pode acreditar, ela está escrita nessas salas, implícita, como uma mensagem subliminar, ou seja, uma imagem projetada em uma velocidade que nossos olhos não podem captar. Não pode ser vista conscientemente, mas atinge diretamente nosso subconsciente ao nos fazer perceber que são dezenas de milhares de candidatos para dezenas ou poucas centenas de vagas. Realmente não é para qualquer um. É preciso estar preparado e ter persistência para cruzar a linha de chegada após desgastantes etapas. Para chegar à uma vaga de trainee, é preciso encarar e ultrapassar todas as etapas como você encararia cada um dos 42 Km de uma maratona.

Quer se tornar um maratonista? Encare cada quilômetro, até ultrapassar a linha de chegada após percorrer os exaustivos e aparentemente infinitos 42.195 metros.

Quer se tornar um trainee? Encare os milhares de candidatos passando pela maratona de etapas do processo seletivo.

A metáfora do inbound marketing

Uma vertente poderosa do marketing, o inbound marketing é uma forma de publicidade utilizada pelas empresas para atrair clientes e levá-los ao nível de fãs.

Sugiro a você, candidato a trainee, aplicar a técnica que eu chamo de inbound marketing pessoal para atrair seu recrutador e seus entrevistadores e torná-los seus fãs.

Você deve estar indagando sobre a eficácia dessas ferramentas, sendo que a apresentação pessoal em dinâmicas de grupos e painéis dos programas de trainee, deve ser feita em cerca de três minutos.

Vale ressaltar que se você tem apenas três minutos, os demais candidatos também. E nesse aparentemente curto espaço de tempo, quem conseguir atrair mais a atenção dos recrutadores será contratado. A tradução de "inbound" significa exatamente atração. Portanto, use seu inbound marketing pessoal para atrair seu público alvo: os recrutadores.

2 – Seu futuro escritório: O mundo

Aqui será seu futuro escritório

Figura 1 – Países do mundo

Bem Vindo, Welcome, Olá, Bonjour!

Em um único dia você passará por diversos países sem tomar conhecimento de fronteiras nem precisar de passaporte e vistos. Empresas globais, através de programas de trainee internacionais, poderão lhe levar aos seis continentes em instantes e sem burocracias. Basta identificar os fusos e um clique para iniciar uma web conference ou uma conference call com diversas unidades do grupo mundo afora.

Empresas globais extraem fronteiras e lhe levam aonde você sempre sonhou. Você verá o mundo pela janela de seu escritório.

Além disso, viagens a trabalho, conferências, reuniões, visitas técnicas, cursos, treinamentos, novos desafios dentro da empresa irão lhe permitir sair como um nômade pelo mudo. Check in e check out serão constantes em sua rotina por aeroportos e hotéis.

Conhecer novos lugares e fazer novas amizades funcionam como a endorfina liberada pelo nosso corpo durante atividades físicas, aumentando nosso bem-estar e melhorando o humor. Uma sensação de prazer que vicia. E isso tem início logo durante o processo seletivo, quando você vai descendo pelo funil da seleção e a turma vai se formando. As relações de amizade com seus futuros colegas de trabalho vão se estreitando. Surgem as primeiras viagens para as últimas etapas do processo e as primeiras happy hours.

Aí começam as trocas. Você irá conhecer gente de todo canto, dos mais variados sotaques, naturalidades e nacionalidades. Vai ouvir histórias fantásticas. Seus paradigmas certamente serão alterados. Momentos memoráveis ficarão guardados.

Novos amigos! Diferentemente de colegas de trabalho apenas, você irá fazer amigos antes mesmo de vocês começarem a trabalhar.

Remetendo-nos à história do "Pequeno Príncipe", é como se você caísse no deserto do Saara e conhecesse algumas pessoas vindas do asteroide B612.

Além da turma da faculdade, agora você terá a turma dos trainees. Churrascos da turma, aniversários, festas de fim de ano, viagens e visitas serão eventos frequentes em sua agenda, sempre em boas e prazerosas companhias, principalmente para os imigrantes, que vieram de outras cidades, estados ou países e não possuem parentes e amigos locais. Estará formada uma nova família. A família trainee! Relacionamentos duradouros também saem de programas de trainees e outras famílias devem surgir. Alguns, apenas passageiros, também.

Você vai se sentir em casa e viajará o mundo sem sair do lugar.

Bem-vindo ao mundo dos trainees!

A metáfora do vinho

Quem entra no mundo "nômade" não consegue mais se reduzir à um único "terroir". Será sempre um andarilho.

Terroir (lê-se "terroá) é um termo francês que traduzido ao pé da letra para o português, significa terra. No mundo dos vinhos, "terroir" resume em uma palavra os fatores geográficos que influenciam o sabor do vinho de cada região, ou seja, denota uma tipicidade regional.

Os novos "terroirs" irão aguçar suas papilas gustativas e fazer você saborear cada lugar de forma intensa, deixando a vontade de querer mais. Querer mais lugares para degustar, mais pessoas para apreciar, cada qual com seus anos de envelhecimento em suas respectivas barricas ou garrafas e suas características regionais, certamente o farão distingui-las e apreciá-las de acordo com seus rótulos, seus processos produtivos, sua maturidade, harmonizando das mais variadas maneiras. Aprecie, neste caso, sem moderação.

Não se esqueça, porém, de suas raízes. Leve-as com você por onde for.

Assim como Marcos Pontes (astronauta brasileiro), sou do interior de São Paulo e, como diz ele em um de seus livros: "Quando eu falo porta, portão e porteira, todos notam que eu sou caipira do interior de São Paulo. Gosto disso, é parte da minha história.

É preciso ter orgulho das suas raízes. É preciso guardar a essência da sua origem. É preciso saber quem você é realmente."

Tenha orgulho de onde você veio. E vá! Vá por aí, mundo afora, explore a infinidade de possibilidades que o mundo corporativo tem a oferecer.

Em um curto período de tempo, você terá conhecido muita gente e diversos lugares. À cada nova viagem, seja a trabalho ou a passeio, além de conhecer mais alguns, provavelmente irá esbarrar com antigos conhecidos e velhos amigos ou programar encontros durante o planejamento das viagens. Essa rede de contatos tende a crescer quase que exponencialmente. Talvez numa progressão geométrica.

O mundo lhe parecerá mais acessível e menos assustador e você passará a encará-lo sem medo, criando laços e diminuindo as distâncias. Nessa fase, mobilidade é imprescindível.

Ter um quintal ilimitado, um escritório mutante, talvez seja um sonho pouco tangível ou até uma utopia para muitos. Mas, com a experiência de ter sido aprovado em dois grandes programas de trainees nacionais e internacionais (Programa Trainee Internacional ArcelorMittal 2008 e Programa para Projetos Vale 2010) em um curto período de três anos, posso afirmar que todos os esforços são altamente gratificantes.

E não é sorte que fará de você, um desses seletos trainees. Não há segredos, fórmulas mágicas. Foco e determinação são os principais fatores de sucesso para aproveitar as inúmeras oportunidades que as grandes companhias globais oferecem.

3 – Trabalho em equipe

Saber trabalhar em equipe é umas das principais, senão a principal característica exigida pelas companhias e observada durante a seleção nos programas de trainees. Aparentemente, um conceito simples no qual um esforço coletivo é criado por um grupo para resolver um problema, realizar uma tarefa ou um trabalho.

Acontece que, nem sempre, o esforço coletivo é realmente criado. E quando criado, nem sempre é mantido. Muitas vezes, durante um trabalho, uma equipe se transforma em diversas "EUquipes". E aí a competição, ganância, ego, ciúme, inveja e interesses pessoais conflitantes tornam o clima organizacional desfavorável ao sucesso comum, comprometendo o trabalho como um todo.

Quando um ou mais membros da equipe quebram um dos elos da corrente, a unidade do grupo se desfaz, a sinergia é inviabilizada, as forças se tornam fraquezas e as oportunidades ameaças.

Trabalhar em equipe exige muito mais que talento e habilidades individuais. Exige confiança, transparência, empatia, resiliência, imparcialidade, lealdade e solidariedade. Não por acaso, as empresas investem em dinâmicas de grupo, ao invés de realizarem apenas entrevistas individuais com os candidatos. A análise de algumas competências do indivíduo quando em grupo e da capacidade de realização de tarefas coletivas, administração de conflitos e imprevistos é fundamental para o sucesso dos programas e, consequentemente, a contratação é direcionada a pessoas que somem ou multipliquem as equipes e não as dividam.

Saber trabalhar em equipe é saber identificar, potencializar e agregar os pontos fortes de cada membro do grupo em busca de um resultado comum, de acordo com a necessidade, objetivos e metas da empresa. É saber, também, identificar e minimizar os conflitos de interesse, além de resolver o mais breve possível, problemas de comunicação e comportamentos para maximizar as chances de alcance de tais metas. E isso exige além de pró-atividade dos membros da equipe, gerenciamento e controle por parte dos líderes. Isso é muito bem observado nas dinâmicas de grupos, quando um trabalho coletivo com mudanças e problemas a serem resolvidos são simulados através de trabalhos lúdicos e questões conflitantes propostos durante essa etapa de seleção.

Fique atento a tudo e evite comportamento reativo, agressivo ou parcial.

4 – Fases de um Programa de trainee

O principal diferencial de um programa de trainee em relação a uma simples contratação é a preparação dos recém-formados para que tenham a visão estratégica da empresa e seus negócios, de forma global, possibilitando sua atuação em diversas áreas e unidades do grupo, de acordo com seu perfil. Isso propicia ao trainee alavancar sua atuação, visibilidade e crescimento na empresa e uma contínua aprendizagem de maneira gradual e orientada, através de planos de carreira bem formatados.

Além disso, os trainees são "apadrinhados" inicialmente por analistas da área de recursos humanos e, posteriormente, quando alocados em suas áreas de trabalho, por um profissional já experiente daquela área, o que possibilita uma espécie de coaching individual até que o trainee esteja apto a caminhar com as próprias pernas. Esse processo dura entre seis e dezoito meses, dependendo das características do programa e estratégia da empresa.

Durante esse período, você irá conhecer todas as áreas da empresa, seus processos produtivos, diretorias executivas, visitar unidades e projetos do grupo, desenvolver e apresentar um projeto aplicativo estratégico para a empresa. O projeto é orientado por um sponsor que pode ou não ser da mesma área de sua atuação futura. Além disso, os programas alternam períodos integrais de cursos e treinamentos, com visitas às áreas e reuniões de trabalho para o desenvolvimento desse projeto.

É um período de muito aprendizado. Você irá conhecer e utilizar ferramentas de gestão, de trabalho em equipe, de solução de problemas, de melhorias e de outras valias, as quais não se aprende na faculdade, mas que são essenciais em sua rotina e indispensáveis para o mundo corporativo.

Será convidado a participar de treinamentos in company, cursos customizados em escolas de negócios, on the job trainings (OJT's), cursos online e de idiomas, permitindo ao trainee diversas formas de agregar conhecimento através de um plano de desenvolvimento do empregado, de acordo a formação e perfil de cada um.

Após esse período, o trainee é então integrado à equipe com a qual irá desenvolver suas atividades. Em alguns programas, durante a fase de desenvolvimento, o trainee tem a oportunidade de passar um ou mais dias na área em que irá atuar para conhecer seus futuros colegas de trabalho, a rotina de trabalho e, evidentemente, reduzir a ansiedade que precede sua chegada a seu posto de trabalho. Nesse momento, normalmente, o trainee acumula sua rotina com o desenvolvimento do projeto aplicativo.

Em alguns programas, os trainees fazem inicialmente uma pós-graduação ou especialização em período integral, seja em universidades públicas ou em escolas de negócios, custeadas pela empresa que os contratou e, após a conclusão, são então alocados em suas unidades, áreas ou projetos.

A dinâmica do programa e suas diversas fases variam de acordo com a necessidade de cada empresa, porém todos permitem ao trainee desenvolver competências, adaptar-se à cultura e valores da empresa e se preparar para os desafios do mundo corporativo.

5 – Destaque-se na multidão: conhecendo ferramentas importantes

Figura 2 - Onde está Wally?

Fonte: http://universidadefinanceira.com/2014/05/27/para-mudar-padrao-de-vida/

Muitas ferramentas, métodos e técnicas de gestão, controle, melhoria contínua e solução de problemas não são introduzidas na grade curricular da graduação, porém são comumente utilizadas no âmbito empresarial e corporativo, visando a melhores controles para o alcance de metas e resultados esperados.

É importante conhecê-las e utilizá-las. Não necessariamente você deve ser especialista em todas, porém, possuindo certa familiaridade com elas, a probabilidade de obter aderentes resultados e, principalmente, ter um bom controle das metas, tende a ser próxima do ideal; seja qual for a formação ou área de atuação do trainee, todas terão utilidade.

Nos programas de trainee dos quais participei, havia uma diversidade de formações, com profissionais de administração de empresas, direito, psicologia, várias Engenharias, Fisioterapia, sendo que todos nós trabalhamos as mesmas técnicas, metodologias e ferramentas durante o programa. É evidente que após a conclusão dos programas, cada profissional em suas respectivas áreas e atribuições, busca utilizar as mais apropriadas para cada ocasião. Porém, um ponto comum é que todos utilizam constantemente várias delas.

Além disso, você será sempre um multiplicador desses conhecimentos para suas equipes, seja na empresa onde você é trainee ou em qualquer outra em que possa vir a trabalhar futuramente.

Vamos enfim, apresentar e explorar aqui neste capítulo as melhores ferramentas para que você possa se destacar durante os processos seletivos e em sua futura atuação como trainee, staff, gerente, diretor, ceo, empresário ou pai de família.

Uma das técnicas mais democráticas e poderosas para o engajar uma equipe e estimulá-la a contribuir pró-ativamente com a geração de ideias durante um trabalho coletivo, se chama brainstorming.

Brainstorming

Brainstorming é uma dinâmica de grupo em que as pessoas, de forma organizada e com oportunidades iguais, fazem um grande esforço mental para opinar sobre determinado assunto.

Traduzindo para o Português, brainstorming significa "tempestade de ideias", sendo uma técnica largamente utilizada para atacar um problema, determinando as causas mais significativas até definir as principais. É altamente construtivista, pois cria um ambiente de contribuições por meio de um efeito sinérgico, através do somatório dos conhecimentos e ideias das pessoas envolvidas na dinâmica. Quando bem conduzida, traz resultados impressionantes.

Vale ressaltar que nenhuma ideia, por mais absurda que pareça, pode ser ridicularizada ou comentada de imediato. Não se deve induzir um raciocínio durante a coleta de ideias.

Tal técnica é realizada em quatro etapas, da seguinte maneira:

1 – Explicação da meta ou problema: um coordenador explica a meta ou o problema e solicita aos participantes que reflitam sobre os fatores que o influenciaram.

Ex.: Pessoas, equipamentos, métodos, procedimentos, condições ambientais, matéria-prima.

2 – Determinação das causas: cada participante aponta as causas que acredita serem mais importantes. Podem ser distribuídas em um diagrama de Ishikawa, também conhecido como diagrama de causa-e-efeito.

3 – Determinação das causas mais importantes: dentre as causas apontadas na segunda etapa, os participantes hierarquizam as mais importantes, geralmente pontuando-as.

4 – Determinação das contramedidas relativas às causas mais importantes (Plano de ação): Nessa etapa, determinam-se as contramedidas para atacar as causas mais importantes detectadas na etapa anterior. Elabora-se, aqui, um plano de ação 5W-1H.

5W-1H

O Plano de ação 5W – 1H é desenvolvido após a identificação das causas de um problema e é utilizado para definir o que fazer, como fazer, quando fazer, onde fazer e quem irá fazer. É importante salientar que cada ação deve ter apenas um responsável.

Figura 3 – Modelo de Plano de Ação 5W – 1H.

Plano de Ação 5W - 1H					
O QUE (What)	COMO (How)	QUEM (Who)	PORQUE (Why)	ONDE (Where)	QUANDO (When)

Diagrama de Ishikawa

Na determinação das causas de um problema, uma ferramenta muito utilizada é o diagrama de Ishikawa, também conhecido como diagrama causa-e-efeito ou espinha de peixe.

Nele são classificadas as prováveis causas, geralmente aplicando-se a metodologia 6M:

- Método

- Material

- Mão de obra

- Máquina

- Medida

- Meio Ambiente

Figura 4 – Exemplo de Diagrama de Ishikawa

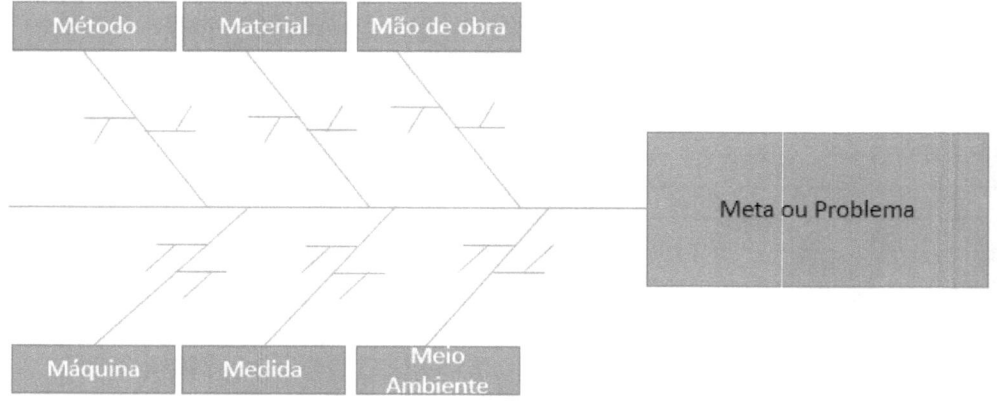

PDCA

PDCA é um método gerencial utilizado na gestão da qualidade total (GQT) e significa P (Plan=Planejar), D (Do=Executar), C (Check=Verificar) e A (Act=Atuar), criando assim um ciclo.

Método é uma palavra de origem grega, uma soma das palavras meta e hodos. Hodos significa caminho. Logo, método é o caminho para a meta.

O PDCA é, portanto, o caminho para se atingir as metas. Tais metas, quando criadas para manter um determinado resultado alcançado, são chamadas de metas padrão, sendo necessária, para sua eficácia, a criação de um plano chamado de procedimento operacional padrão.

Quando determinamos uma meta para melhoria dos resultados, precisamos modificar os procedimentos operacionais padrão, rodando-se novamente o PDCA.

Figura 5 - PDCA

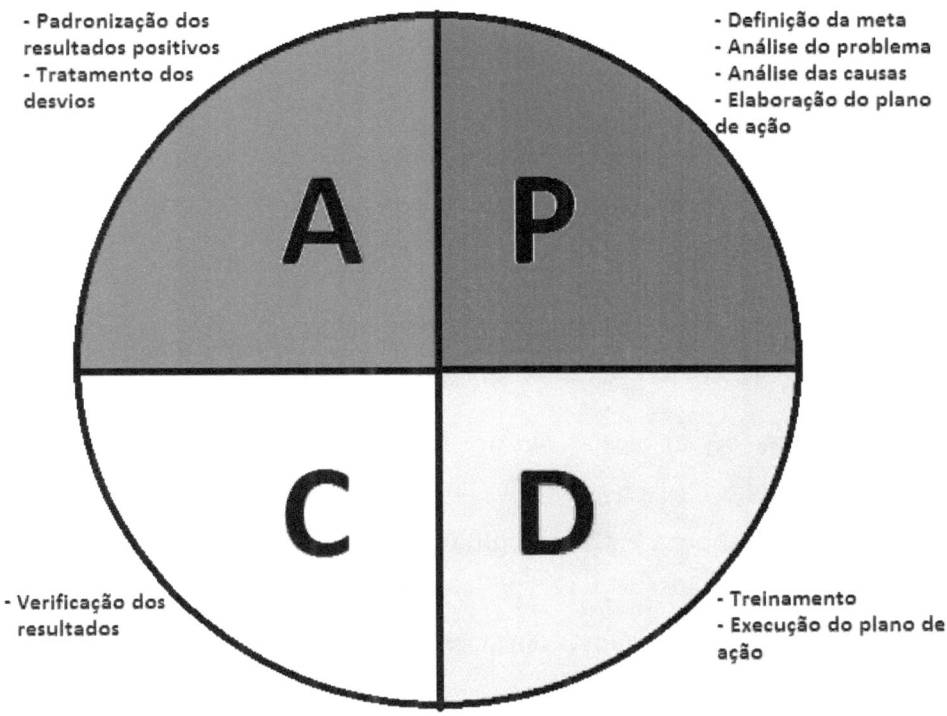

Análise SWOT

Para diagnosticar os pontos fortes e os pontos fracos de um projeto ou empresa, a análise SWOT é uma ferramenta muito prática, que possibilita identificar as forças (strenghts), fraquezas (weaknesses), oportunidades (opportunities) e ameaças (threats).

Forças e fraquezas são determinadas internamente, sendo que o ambiente interno pode ser controlado pelos membros do projeto ou empresa. Já as ameaças e oportunidades ficam fora do controle da equipe, uma vez que pertencem ao ambiente externo. É imprescindível identificá-las e monitorá-las para aproveitar as oportunidades e minimizar os efeitos que as ameaças podem apresentar.

5S

A metodologia 5S tem como objetivo mobilizar, motivar e conscientizar as pessoas para a qualidade total, através da organização e disciplina em seus locais de trabalho.

Criada no Japão, o 5S é assim chamado, devido às cinco letras iniciais das palavras japonesas seiri, seiton, seiso, seiketsu e shitsuke. Cada uma delas indica um senso, conforme abaixo:

Seiri: senso de utilização (separar o necessário do desnecessário).

Seiton: senso de organização (colocar cada coisa em seu devido lugar).

Seiso: senso de limpeza (limpar e cuidar do ambiente de trabalho).

Seiketu: senso de higiene (criar normas/padrões de higiene e práticas saudáveis).

Shitisuke: senso de disciplina (todos ajudam e são responsáveis por seguir os padrões e fazer o que tem de ser feito).

Princípio de Pareto

O princípio de Pareto, também conhecido como regra do 80-20, leva em conta que 80% das consequências advêm de 20% das causas, isso é, há muito problemas sem importância diante de outros mais graves, o que possibilita direcionar os esforços sobre estes últimos.

A partir desse princípio, utiliza-se com grande frequência na indústria o diagrama de Pareto, principalmente no controle de qualidade. Tal diagrama é um gráfico de colunas, que ordena a frequência de ocorrências, da maior para a menor, permitindo a priorização dos problemas.

Figura 6 – Exemplo de Diagrama de Pareto

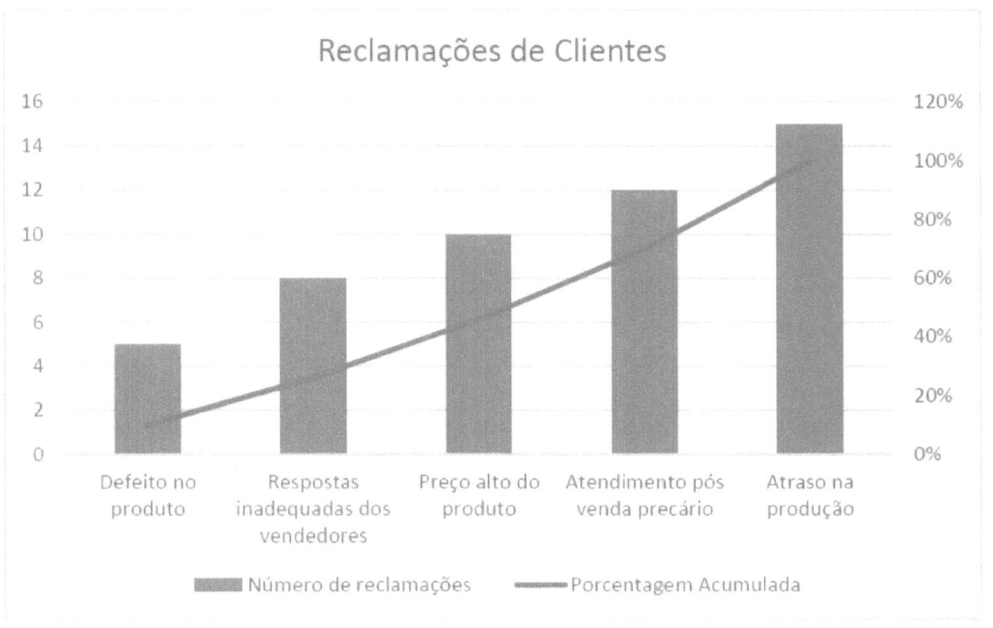

Gerenciamento de Projetos

Buscando aprimorar a eficácia na alocação de recursos, no planejamento estratégico das grandes empresas que buscam aumentar seu market share e consequentemente seus lucros, através de expansões de unidades existentes, novas plantas ou desenvolvimento de novos produtos, existe uma diretoria executiva de projetos, focada no gerenciamento de todo o ciclo de vida dos projetos do grupo.

Para garantir a eficácia desses projetos, existem basicamente duas metodologias de gerenciamento internacionalmente consolidadas e utilizadas no mundo corporativo.

Uma das maiores associações mundiais para profissionais de gerenciamento de projetos, o Project Management Institute (PMI), através de uma equipe de voluntários qualificados por eles, apresenta em um guia chamado Project

Management Body of Knowledge (PMBOK) doze padrões fundamentais para gerenciamento de projetos, representando as quatro áreas da profissão: projeto, programa, portfólio e gerenciamento de projetos para organizações. Neles estão contidas as boas práticas utilizadas na gestão de projetos.

Além disso, o PMI oferece certificações reconhecidas internacionalmente para profissionais de projetos.

Outra metodologia muito utilizada em megaprojetos, é a metodologia FEL (Front-End-Loading) idealizado pelo IPA (Independent Project Analysis).

Traduzido para o português, teríamos "nível frontal final", o que não traduz muito bem seu significado. A melhor definição que podemos citar seria "grau de definição", uma vez que é uma metodologia de aprovação de portões (gates), que depende do grau de definição de cada fase do projeto para a aprovação, abertura do portão (gate) e início da próxima fase de desenvolvimento do projeto, sendo assim dividida em três fases: FEL 1, FEL 2 e FEL 3.

Ao final de cada uma delas, exige-se a aprovação final da alta gerência ou da diretoria para atravessar o portão. Somente após o projeto ter passado pelos três portões, e ter tido sua aprovação final, ele estará pronto para entrar na fase de execução.

Programas de Trainees para Projetos em grandes companhias têm sido desenvolvidos e customizados para que essas metodologias e conceitos sejam estudados e aplicados pela equipe multidisciplinar, que geralmente é formada. Além disso, muitas companhias buscam no mercado profissionais qualificados, certificados e com experiência em gerenciamento de projetos para ocupar posições em uma área ainda carente por mão de obra especializada.

6 – Networking: construa uma rede sólida

Networking é uma expressão que representa uma rede de contatos. É a união dos termos em Inglês net (rede) e working (trabalhando). E como a própria forma nominal do verbo no gerúndio, indica uma ação contínua, em andamento, um processo não finalizado, pois você deve trabalhar sua rede de contatos continuamente, porém não aleatoriamente.

Mais do que quantidade, para que você construa uma rede de contatos eficaz e longeva, genuinamente ativa e que lhe permita maximizar as oportunidades e trocas, sejam elas pessoais, profissionais ou de negócios, é importante focar na qualidade de suas conexões. Muito mais do que entrar em um jogo de número de interações, invista em um capital social rentável, expandindo assim sua capacidade de formar relacionamentos pessoais e profissionais sólidos.

Para manter um contato vivo, a comunicação recorrente é importante. O cultivo é mais importante que o plantio, para que você possa colher frutos maduros e sadios de sua rede.

Utilizando a rede de relacionamentos, podemos abrir portas, sendo apresentados às pessoas e tendo acesso a elas. Quando somos apresentados por um conhecido em comum, temos uma referência qualificada, ganhamos credibilidade e, consequentemente, mais confiança.

Mantenha sua rede sempre online; dedique tempo a seus contatos. Tempo é fundamental para que sua rede permaneça conectada. Gerenciar esse tempo entre seus contatos, a longo prazo, poderá lhe trazer economia de tempo, sendo, portanto, um investimento e não um gasto ou desperdício.

7- O mundo corporativo

O mundo corporativo é uma selva. Para se manter vivo nele, é preciso conhecê-lo e enfrentá-lo. Como em toda selva, é preciso lutar ferozmente para vencer seus obstáculos e conseguir sobreviver. Quando o mercado está demandado, a caça torna-se abundante, porém existem os predadores com os quais é preciso saber lidar.

É preciso dedicação e resiliência, principalmente, pois a pressão será constante e a necessidade de manter a ética e a governança exigem controle emocional. Mesmo assim, o ataque é fundamental, pois o mundo corporativo prefere separar leões a empurrar burros.

Teoria e prática são aliados fundamentais para sua atuação, sendo a prática, não o tempo de experiência, mas, sim, os resultados obtidos com as habilidades e conhecimentos adquiridos e empregados de maneira eficaz.

Ao entrar no mundo corporativo, você irá se deparar frequentemente com neologismos em seu ambiente de trabalho, nas reuniões gerenciais e nos informativos da empresa. Acostume-se, busque entender o significado de cada um e evite jargões desnecessários. Muitos dos problemas na comunicação com o emprego de neologismos e jargões acabam sendo causados por suas subjetividades. Opte pela comunicação mais ágil e objetiva.

Outra constatação que você vai ter no mundo corporativo, talvez a mais recorrente delas: mudanças. Muitas mudanças. Mudanças na missão da empresa, em sua estrutura organizacional, em seu plano de negócios e em seu market share; mudanças de prioridades, mudanças repentinas, mudanças inesperadas e mudanças planejadas.

Entre no mundo corporativo com a certeza de que você verá muitas mudanças. Talvez será agente, quiçá expectador. E por que não até o alvo de uma mudança?

É preciso estar consciente para não ser reativo e se adaptar a elas.

Um conceito interessante, utilizado pelo exército norte americano, após a queda do comunismo é o do mundo volátil, incerto, complexo e ambíguo (VICA) para definir as mudanças constantes. No mundo corporativo, a volatilidade, incerteza e complexidade também acarretam frequentes mudanças, sendo muitas delas necessárias para garantir a perenidade da empresa. Existem também aquelas por vaidade ou interesse de executivos ou acionistas da empresa.

Estrutura organizacional: autonomia x burocracia

Diversos níveis gerenciais e várias diretorias normalmente verticalizam exageradamente a estrutura organizacional corporativa, tornando o fluxo de aprovações dependente de várias assinaturas, acarretando questionamentos e reuniões em demasia e tornando o processo pouco autônomo e, consequentemente, bastante burocrático. A velocidade necessária para a tomada de decisões normalmente não é atingida em estruturas com essas características, denominadas estruturas funcionais ou matriciais. Isso acaba acarretando alguns atrasos significativos em entregas da empresa, principalmente em projetos, nos quais o planejamento não quantifica essas atividades com prazos pessimistas.

As estruturas projetizadas tendem a ser mais autônomas e independentes, com recursos exclusivos e disponíveis para o projeto, porém perdem um pouco na otimização de recursos quando comparadas com as estruturas funcionais.

Fato é, em ambas existem processos burocráticos e que exigem sinergia entre as áreas da empresa. Daí a importância de se ter os fluxogramas de processos muito bem definidos, conhecidos e utilizados de forma imparcial.

Missão, visão e valores

A identidade de uma empresa está traduzida em nesses três elementos.

No mundo corporativo você irá se deparar com eles diariamente e deve se comportar de tal forma que essa identidade seja validada através de suas ações.

Missão é a razão de ser da empresa. É nela que a empresa descreve sua função como pessoa jurídica, ou seja, o que ela pretende entregar através de suas atividades.

Visão é a aspiração da empresa para o futuro. Ela define o que a empresa deseja ser a médio e longo prazo e como espera ser vista por todos.

Valores são os ideais de atitude, comportamentos e princípios que devem ser praticados pelos colaboradores e nas relações da empresa com as equipes, clientes, fornecedores e parceiros.

Durante um processo de seleção, antes das etapas presenciais como dinâmicas e entrevistas, procure conhecer a missão, a visão e os valores da empresa e busque se comportar de tal forma a se alinhar à identidade da empresa. Tal comportamento pode fazer toda a diferença entre quem será contratado e quem irá receber um feedback negativo. É importante demonstrar isso aos entrevistadores e recrutadores.

Além de suas chances de seguir em frente no processo aumentarem, esse alinhamento facilitará também sua ambientação e desenvolvimento como futuro talento da empresa.

Meritocracia no mundo corporativo

O sucesso profissional e a ascensão na carreira dependem única e exclusivamente do esforço e talento individual?

Após muitos anos trabalhando no mundo corporativo, acompanhei diversas formas de avaliação de desempenho e planos de carreira e pude constatar que não basta esforço, dedicação e talento para ser bem-sucedido profissionalmente ou até mesmo para conseguir uma promoção. Uma combinação de outros fatores muito mais relevantes são considerados por aqueles que batem o martelo na hora da promoção, seja ela horizontal ou vertical, dentro da organização.

É preciso muita afinidade e confiança para que um laço seja criado, aliando competência, esforço, dedicação, disponibilidade e, principalmente, a certeza de que você é o braço direito do seu superior. Assim sendo, você atrairá maior visibilidade na estrutura organizacional, uma vez que será a pessoa a quem serão delegadas as tarefas mais importantes, de maiores responsabilidades e a quem se deposita mais confiança.

Dessa relação de confianças, surgem as oportunidades e as promoções, quando disponíveis, certamente serão direcionadas a você. As relações deixam de ser, então, unicamente meritocráticas e passam a ser de confiança. Por mais competência, habilidade, conhecimento e dedicação que possa existir por outros membros da equipe, a prioridade para as promoções serão voltadas para os mais bem relacionados com seus superiores.

E não se engane, ao acreditar que a área de recursos humanos da empresa é quem define, através das avaliações de desempenho que possui, quem será promovido durante uma sucessão. É, normalmente, o superior imediato quem comanda a escolha e bate o martelo.

Decisão

Na rotina do mundo corporativo, o papel da liderança exige decisões a todo momento. Não há espaço para indecisões, pois até não decidir acaba sendo uma decisão. É preciso ter discernimento e visão holística para tentar tomar as decisões mais acertadas. Mas não é tão fácil quanto parece.

De acordo com Peter Drucker, escritor e professor austríaco, considerado o pai da administração moderna, o produto final do trabalho de um administrador são decisões e ações.

As decisões tomadas por um gestor, líder ou administrador estão ligadas diretamente aos objetivos, resultados, indicadores, pessoas, cultura organizacional, estratégias e planejamentos, processos, entregas, produtos e serviços.

No mundo corporativo, podemos incluir mais duas palavras para traduzir essa essência de administração, que são resultado e feedback.

Tudo começa, porém, pela decisão. Toda decisão é uma escolha entre alternativas, sendo que tudo o que se faz é uma alternativa.

Toda escolha, no entanto, é baseada em critérios, sejam eles explícitos ou implícitos.

Portanto, para se tomar uma decisão, devemos nos basear em critérios, sendo, portanto, um evento probabilístico, que evidentemente apresenta incertezas. E aí podemos entender o porquê de nem sempre as decisões tomadas serem as mais acertadas. Não existe mais a era da certeza, conforme o Prêmio Nobel de Química, Ilya Prigogine escreveu em seu livro O fim das certezas.

Daí a necessidade da ação, sendo importantíssimo o que a pessoa faz, uma vez que toda ação produz um resultado e um feedback, podendo ser positivo ou negativo. Uma vez negativo, identifica-se, assume-se, corrige-se e aprende-se.

Como disse Thomas Edison: "O meu sucesso foi resultado do meu fracasso".

É fato, portanto, que se chega ao sucesso por tentativa, erro e acerto.

A melhor decisão no mundo corporativo começa por decidir. Decida! Não fique em cima do muro.

8 – Carreira em "Y"

Programas de trainees geralmente são desenhados para possibilitar a carreira em "Y" dentro das organizações.

O nome carreira em "Y" é devido ao formato da letra "Y", que demonstra um caminho linear, até o ponto em que há uma bifurcação, indicando a possibilidade de escolha entre o caminho técnico e o caminho gerencial.

Antigamente, para que pudesse progredir na carreira, um funcionário precisava assumir a gerência de algum departamento dentro da empresa à qual pertence. E isso não era e continua não sendo acessível à grande maioria deles, além de nem todos terem interesse em assumir a responsabilidade de gerenciar equipes ou, até mesmo, não têm perfil para tal.

Com a necessidade de se dar mais liberdade e dinamismo aos planos de carreiras, criou-se a visão da carreira em "Y". Nela, o profissional pode optar por seguir a carreira gerencial ou ser um especialista técnico em determinada área.

Em ambas as opções, a empresa direciona o empregado para o desenvolvimento e aprendizado contínuo, além de estimular o autodesenvolvimento, o que não era possível quando tínhamos apenas a carreira gerencial como foco, valorizando assim o conhecimento técnico.

Cada uma das opções possui cargos com a mesma equivalência, tanto de status como de salário.

É importante definir qual caminho seguir e alinhar suas expectativas junto à organização, deixando claro o seu plano de carreira.

9 – Comportamentos esperados nas dinâmicas de grupo

Cada vez mais, os recrutadores têm utilizado dinâmicas de grupo para avaliar o comportamento dos candidatos em um processo seletivo, além de conseguirem identificar alguma habilidades e competências.

Durante uma dinâmica de grupo, diversas atividades são utilizadas para identificar especificamente ações comportamentais e traços de personalidade. O objetivo de dinâmica é analisar como o profissional se comporta em situações semelhantes às do ambiente de trabalho. O segredo para não ser desclassificado em uma delas é entender cada atividade proposta e agir naturalmente.

É importante o equilíbrio entre a escuta e a fala, a ação em equipe e a participação ativa. Equilíbrio emocional e argumentação convincente transmitem credibilidade e fazem com que o candidato conquiste a confiança da equipe, assumindo naturalmente a liderança durante a atividade. Isso é essencial para o sucesso e aprovação em uma dinâmica de grupo, propiciando o avanço do candidato no processo seletivo.

Conter a ansiedade, a insegurança e o medo permite ao candidato maior concentração e conexão com o trabalho a ser desenvolvido.

A linguagem corporal também é muito importante e deixa evidente alguns traços de personalidade, além do nervosismo e ansiedade. Postura adequada, maneira de se vestir, comunicação formal e tom de voz fazem diferença. Portanto, manter a tranquilidade e a calma é imprescindível.

Lembre-se de que em uma dinâmica de grupo serão avaliados comportamentos e personalidade. Se você se preocupar apenas com aspectos e conhecimentos técnicos, terá certamente seu desempenho comprometido.

Um toque de ousadia pode ser a cereja do bolo.

Leve isso em conta quando estiver participando de processos seletivos que tenham dinâmicas de grupo e aumente consideravelmente suas chances de ser o próximo trainee da companhia.

10 – Walk the talk

Uma expressão pouco conhecida no mundo corporativo brasileiro, "walk the talk" pode ser levada como uma filosofia de vida, um valor pessoal e empresarial. É basicamente o antídoto para o veneno da hipocrisia.

Traduzida de forma clara, significa fazer o que se fala, ou seja, agir de acordo com o que se prega, sempre.

Trabalhando em grandes companhias multinacionais, percebi a grande divergência entre o "talk" (o que é pregado e cobrado pela liderança) e o "walk" (o que é executado pela liderança). Quando isso acontece, a credibilidade daqueles que lideram e deveriam liderar pelo exemplo cai em descrédito, uma vez que suas atitudes não refletem suas falas, cobranças e supostos valores. Na incoerência observada pela equipe, surgem diversas formas de agir, de acordo com os ideais, valores e princípios de cada membro, tornando o clima organizacional desconexo, diferentemente daquilo que deveria ser um ideal comum, um ambiente de sinergia e confiança.

É preciso coerência para que haja unidade, principalmente em equipes multidisciplinares e multiculturais.

Se as ações da liderança não traduzirem as crenças da organização, as perdas serão consequências da falta de credibilidade de sua equipe em sua figura e, consequentemente, na organização.

Parafraseando a importância de as atitudes traduzirem a crença, podemos citar o filósofo norte americano Ralph Waldo Emerson ao dizer: "Suas atitudes falam tão alto, que eu não consigo ouvir o que você diz."

Mantenha a credibilidade em sua caminhada: walk the talk!

11 – Sucesso

Uma pergunta feita há milhares de anos, com uma resposta que pode revolucionar o conceito de sucesso e a forma de agir de muitos, que até então acreditavam em outras respostas:

Qual é o fator que prediz sucesso?

Angela Lee Duckworth, pesquisadora da Universidade da Pensilvânia, pesquisa há mais de dez anos o que prediz sucesso, quem vai ser bem-sucedido e por quê.

Ela estudou grupos de vendedores, alunos do segundo grau, militares, professores e outros diferentes grupos sociais e sempre saiu com a mesma resposta.

Essa resposta não tem a ver com sorte, inteligência, beleza ou força física. O único fator que prediz sucesso, comprovado cientificamente, é a determinação. Pessoas determinadas atingem o sucesso.

E o que é determinação?

Segundo Angela, determinação é viver a vida como uma maratona, não uma simples corrida. É a paixão e a perseverança em objetivos de longo prazo.

Portanto, trace seus objetivos, adicione perseverança e determinação a gosto.

Sucesso!

Referências bibliográficas

Godoy, Maria Helena Pádua Coelho de. Brainstorming - Como atingir metas. Nova Lima: INDG TecS, 2004.

Dulworth, Michael. Networking – Saiba como construir as melhores redes de relacionamento pessoal e profissional. São Paulo: Larousse Brasil, 2008.

Exupéry, Antoine de Saint-. O Pequeno Príncipe. Rio de Janeiro: Agir, 2006.

Old, Marnie. Os segredos do vinho. São Paulo: Prumo, 2010.

www.ingramcontent.com/pod-product-compliance
Lightning Source LLC
Chambersburg PA
CBHW020713180526
45163CB00008B/3060